Rudimental Snare Drum Grooves

By Johnny Lee Lane and Richard L. Walker, Jr.

CONTENTS

Audio Produced by Ricardo Laranja and
Performed by Richard L. Walker, Jr.

ISBN 978-1-4234-6532-4

HAL•LEONARD®
CORPORATION
7777 W. BLUEMOUND RD. P.O. BOX 13819 MILWAUKEE, WI 53213

In Australia Contact:
Hal Leonard Australia Pty. Ltd.
4 Lentara Court
Cheltenham, Victoria, 3192 Australia
Email: ausadmin@halleonard.com.au

Copyright © 2009 by HAL LEONARD CORPORATION
International Copyright Secured   All Rights Reserved

No part of this publication may be reproduced in any form or by any means without the prior written permission of the Publisher.

Visit Hal Leonard Online at
www.halleonard.com

ABOUT THE AUTHORS

JOHNNY LEE LANE is Director of Education for the Remo Drum Company. One of the nation's foremost college percussion educators, he served as Professor of Music and Director of Percussion Studies at Eastern Illinois University for 28 years. At Eastern, Lane taught undergraduate and graduate percussion majors, conducted the percussion ensemble, marimba orchestras, marimba rag bands, and the World percussion program, developing a total percussion curriculum that numbers among the finest in the nation. His students are college teachers, performers, and educators throughout the world. For 13 summers, he hosted the United States Percussion Camp at EIU, a program that he founded. The camp boasted over 300 students and 37 faculty members, and was featured on ABC's *Good Morning America* in 1996.

Professor Lane has toured Germany four times and recently presented workshops in South Korea and Japan. He continues to serve as the Percussion Consultant and teacher of the Tennessee State University Drum Line in Nashville. In 2004, he led the Tournament of Roses Parade, playing the world's tallest drum.

As a clinician, Lane conducts workshops around the country for Zildjian, Vic Firth Sticks and Mallets, Remo Drum Company, and Dynasty Marching Percussion. His book, *Four-Mallet Independence for Marimba*, co-authored by Samuel A. Floyd, Jr., is published by Hal Leonard Corporation. In 2007, Lane received the PAS lifetime Achievement in Education Award at the International Percussive Arts Society Convention in Columbus, Ohio.

RICHARD L. WALKER, JR. is Director of Percussion Studies at the IU School of Music at Indiana University-Purdue University Indianapolis, where he leads the IUPUI Percussion Ensemble, Urban Percussion Ensembles, Afro-Cuban Ensemble, Steel Pan Ensemble, and teaches History of Black Music. Prior to joining that school's faculty in 2005, he was Coordinator of Music Business and Percussion Studies at Winston-Salem State University in North Carolina.

As a performer, Walker has worked with the Phantom Regiment Drum and Bugle Corps, the Arkansas Symphony, the Sinfonia da Camera chamber orchestra, the Champaign-Urbana (IL) Symphony Orchestra, the Conway (AR) Civic Orchestra, and the Pine Bluff (AR) Symphony Orchestra. He is in demand as a percussion soloist and clinician, and toured Japan with a percussion ensemble that featured world-acclaimed marimbist Kieko Abe.

Previously, Walker was Educational Marketing Manager for the Avedis Zildjian Company for North America, and continues his association with music business as an educational artist-endorser and clinician for Remo Drum Company, Avedis Zildjian Company, and Vic Firth, Inc. His extensive background in music technology and computer software development led him to author an interactive CD-ROM designed to teach percussion rudiments to student drummers. In 2006, Walker edited *Four-Mallet Independence for Marimba*, published by Hal Leonard Corporation.

INTRODUCTION

This book is designed to enhance the rudimental snare drumming student's overall technique, stamina, and dexterity. It has been created to go at your own pace and find your inner groove. Each section has basic, intermediate, and advanced grooves to appeal to the needs of each player's skill level.

Use whatever grip is most comfortable for you. Perform each groove slowly, then gradually speed up. Do not play faster than you can play cleanly, evenly, and with good tone and technique.

The accompanying audio CD allows you to hear and play each groove at a moderate speed.

Have fun and may the groove be with you.

How the book works:

EXAMPLE 1: Play the groove and immediately repeat, starting with the left hand the second time; alternate the starting hand on every repeat.

EXAMPLE 2: Play the groove starting with the right hand and repeat with the same hand. After completing the groove, start with the left and repeat.

EXAMPLE 3: Start playing the groove on the sticking pattern as indicated and continue playing the sticking pattern throughout.

All grooves are included on the audio CD. Every associated groove is included within the appropriate track number.

NOTE: All grooves on the CD are played at 75 bpm (beats per minute).

SECTION 1

ONE-HAND GROOVES

Playing one-hand excercises are an integral part of developing overall hand-to-hand dexterity and speed control. These grooves should not be overlooked.

Remember:

- Practice with a metronome.

- Use fluid motion while practicing.

- Focus on producing an even sound or tone between the left and right hands.

- Keep your fingers on the stick to maximize stick control on each groove.

Groove 1

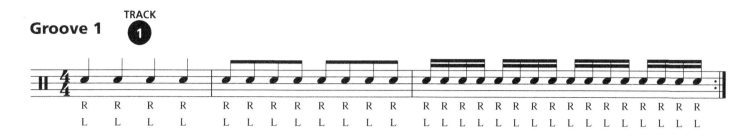

Groove 2

Groove 3

Groove 4

Groove 5

Groove 6

Groove 7

Groove 8

Groove 9 TRACK 5

Groove 10

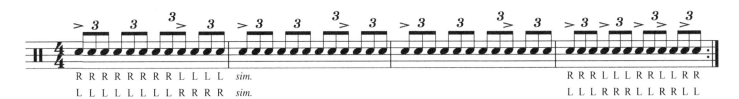

Groove 11 TRACK 6

Groove 12

Groove 13

R L L L L R R R R L L L L R R R   R L L L L R R R R L L L L R R R

Groove 14   TRACK 7

R   R   R   R   R   R   R   R   R   R   L   L   L   L   L   L   L   L   L   L

Groove 15

R   R   R   R   R   R   L   L   L   L   L   L   R   R   R   R   R   R   L   L   L   L   L   L

Groove 16   TRACK 8

R   R   R   R   R   R   R   R   R   L   L   L   L   L   L   L   L   L

Groove 17

R   R   R   R   R   R   R   R   L   L   L   L   L   L   L   L   L   R

Groove 18

R   R   R   R   R   R   R   R   R   R   R   R   R   R   R   R   R   R
L   L   L   L   L   L   L   L   L   L   L   L   L   L   L   L   L   L

Groove 19 TRACK 9

Groove 20

Groove 21 TRACK 10

Groove 22

Groove 23 TRACK 11

Groove 24

SECTION 2

SINGLE STROKE COMBINATION GROOVES

Single Stroke Roll, Single Stroke Four, and the Single Stroke Seven

Remember:

- The single stroke roll is the most fundamental rudiment; it is utilized on many other percussion instruments as a means of sustain.

- Practice developing smooth and controlled hand-to-hand playing.

- Use a metronome; the tendency is to speed up single stroke accented patterns.

Groove 1 **TRACK 12** Play and repeat starting with the right hand, then the left hand.

Groove 2

Groove 3 **TRACK 13**

Groove 4

Groove 5 **TRACK 14**

Groove 6 Play and repeat starting with the right hand, then the left hand.

Groove 7

R L R   L R L R L R L R   L R L   R L R L R L R L

Groove 8

R L R R L R   R L R L R L R   R L R L R L R L R L R L R   R L R

Groove 9

R L R L R L R L R L R L R L R L R L
L R L R L R L R L R L R L R L R

Groove 10

R   R L R R
L   L R L L

Groove 11

R L R L R L R L R L R   L R L R L R L R L R L

Groove 12

R L R L R L R L *sim.*

11

Groove 13

R L R L R L R L *sim.* R L R R
L R L R L R L R *sim.* L R L L

Groove 14

R L R L R L R R   L   R   R   L   R R   L R L R R
L R L R L R L L   R   L   L   R   L L   L R L R L L

Groove 15

R L R L R L R   R   L   R   R   L   R   R L R R
L R L R L R L   L   R   L   L   R   L   L R L L

Groove 16

R L R L R L R L   R   R   L   L   R L R R
L R L R L R L R   L   L   R   R   L R L L

Groove 17

R   R L R R
L   L R L L

Groove 18

R L R L R L R L R   R L R L R L R L R   R L R R
L R L R L R L R L   L R L R L R L R L   L R L L

Groove 19

R L R L R L R L *sim.*
L R L R L R L R *sim.*

R L R L R L R R
L R L R L R L L

Groove 20

R L R L R L R   L R L R L R L   R L R L   R L R L R L R   L R L R L R L   R L R L

Groove 21

R L R L R L R L R L R L R L R L R L R L R L R L   R L R L R L R L R L R L R L R L R L R L R L R L

Groove 22

R L R L R L R   L R L R L R L   R L R L R L   R   L R L R L R L   R L R L   R L R L

Groove 23

R L R L R L R L R L R L R L R L R L R R   L R L R L R L R L R L R L R L R L R L L

Groove 24

R L R L *sim.*

13

SECTION 3

DIDDLE RUDIMENT GROOVES

Single Paradiddles, Double Paradiddles, Triple Paradiddles, and Single Paradiddle-Diddles

Remember:

- Concentrate on keeping the double strokes (both left and right hands) even and consistant.

- A double stroke should have the same sound as two consecutive single strokes.

- Lift the stick to prepare for the accent(s) preceeding the diddles; being unprepared for an accent can cause a lack of flow that will hinder your overall speed.

Groove 1

R R L   R R L   R R L   R R L   R R L   R R L   R R L   R R L
L L R   L L R   L L R   L L R   L L R   L L R   L L R   L L R

Groove 2

R L R R L R L L   R L R L R R L R L R L L   R L R L R L R R   L R L R L R L L

Groove 3

R L R L R R L R L R L R L L R L R R   L R L R L L R L R L R R L R L L

Groove 4

R   R L R R L   R L R L   R R L   R L R L R R L L R R
L   L R L L R   L R L R   L L R   L R L R L L R R L L

Groove 5

R R L   L R R L   L R R L   L R R L   L R L L R L R L R L R L R R
L L R   R L L R   R L L R   R L L R   R L L R R L R L R L R L R L L

Groove 6

R R L   L R R L   L R L L R R   L L R   R L L R   R L R L R L L

15

Groove 7

R L R L R R L R L R L L R L R R L R L L L R L R R
L R L R L L R L R L R R L R L L R L R R L R L R L L

Groove 8 This groove can also be played starting with the right hand.

L L R R L R R L L R R L R R L L R R L L R L R R L R R L L R L R R L L R R L L R

Groove 9

R   L   R   L   R   L   R   L   R R L L R R L L R R L L R R L L
(L   R   L   R   L   R   L   R   L L R R L L R R L L R R L L R R)

Groove 10

R L R R L R L L   R L R R L R L L   R L R R L R L L   R L R R L R L L

Groove 11

R L R L R R L R L R L L R L R L   R R L R L L R L R L R R L R L L

Groove 12 This groove can be played with or without flams.

R L R R L L R L R R L L R L R R L L R L R R L L   R   L   R   L   R   L   R   L

Groove 13

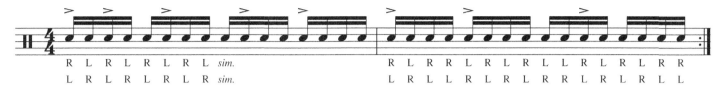

R L R L R L R L *sim.*
L R L R L R L R *sim.*

R L R R L R L R L L R L R L R R
L R L L R L R L R R L R L R L L

Groove 14

R R L   L R R L L R R   L L R   R L L R R L R L L

Groove 15

R R L R L R R L R L L   R R L R L R R L R L L   R R L R L R R L R L L   R R L R L R R L R L L

Groove 16

R L L R L L R L L R L L R R L L   R L L R L L R L L R L L R R L L

Groove 17

L R R L R R L R R L R R L L R R   L R R L R R L R R L R R L L R R

Groove 18

R L L R L L R L L R L L R L R R   L R R L R R L R R L R R L R L L

Groove 19 TRACK 32

L L L R L R L L R L R R   L L L R L R L L R L R R   L L L R L R L L R L R R   L L L R L R L L R L R R

Groove 20

R L R L R L R L R R L R L L R L R R   L R L R L R L R L L R L R R L R L L

Groove 21 TRACK 33

R L R L R R L R L R L R L L   R L R L R R L R L R L R L L

Groove 22

R L R R L R L L R L R R L L R R   L R L L R L R R L R L L R R L L

Groove 23 TRACK 34

R L R R L R L L L R L R R L R L L   R L R R L R L L L R L R R L L R R

L R L L R L R R L R L L L R L R R   L R L L R L R R L R L L L R R L L

Groove 24

R L R R L R L R L L L R L R L R R   L R L L R L R L R R L R L R L L

SECTION 4

FLAM RUDIMENT GROOVES

Flams, Flam Taps, Flam Accents, Flamacues, Flam Paradiddles, Swiss Army Triplets, Pataflaflas, and more

Remember:

- A grace note should stay down and is played low to the drum.

- A grace note is a controlled stroke; do not drop it on the drum head.

- Each stick strikes the head nearly at the same time; the primary note is played high; the secondary (grace) note is played low. This applies to both right- and left-hand flams.

Groove 1   TRACK **35**

Groove 2

Groove 3   TRACK **36**

Groove 4

Groove 5   TRACK **37**

Groove 6

Groove 7 TRACK 38

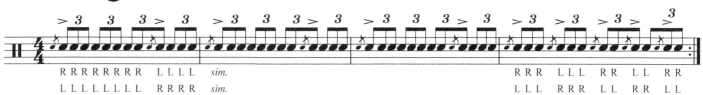

RRRRRRRR LLLL   *sim.*   R R R   L L L   R R   L L   R R
LLLLLLLL RRRR   *sim.*   L L L   R R R   L L   R R   L L

Groove 8

R   L   R   L   R   L   R   L   R   R   L   R   L   L

Groove 9 TRACK 39

R   L   R   L   R   L   R   L   R   L   R   L   R   L   R   L   R   L

Groove 10

R   L   R   L   R   L   R   L   R   L   R   L   R   L   R   L   R   L   R   L   R   L

Groove 11 TRACK 40

R L R L R L R L R L R L R L   R L R L R L R L R L R L R L R R L L

Groove 12

R L R R L R L R L L R L R R L R L R L L   R   L R L R L R L R L R L R L R L R L R L

Groove 13

R R R L R L R L L L R L R L   R R R L R L R L L L R L R L

Groove 14

R L R R L R L L L R L R L R L   R L R R L R L L L R L R L R L

Groove 15 **TRACK 42**

R L R L R L R L L L R L R L   R L R L R L R L L L R L R L

Groove 16

R L R R L R L L R L R L R L   R L R R L R L L R L R L R L

Groove 17 **TRACK 43**

R L R L R L L L R L R R L R L R   L R L R L R R L R L L R L R L

Groove 18

R L R L R L R L R L R L R L R R L L   R L R L R L R L R L R L R L R R L L

Groove 19

R R R R R R R R   R R R R R R R R

L L L L L L L L   L L L L L L L L

Groove 20

R R L L R R L L R L R R   L R L R L R L R L R L L

Groove 21

R R R R R R R R   R R R R R R R R
L L L L L L L L   L L L L L L L L

Groove 22

R R L L R R L L R R L L R R L L   R L R L R L R L

Groove 23

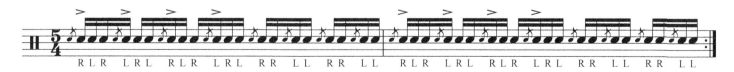

R L R L R L R L R L R L R R L L R R L L   R L R L R L R L R L R L R R L L R R L L

23

Groove 24 TRACK **47**

Groove 25

Groove 26 TRACK **48**

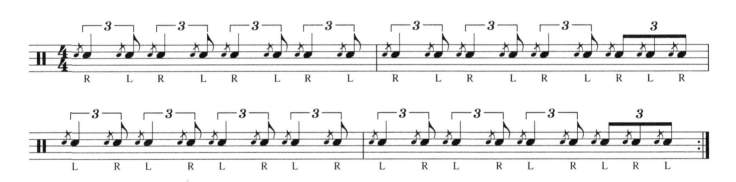

Groove 27 TRACK **49**

Groove 28

Groove 29 TRACK **50**

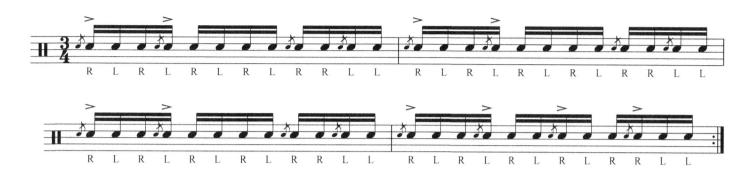

R L R L R L R L R R L L   R L R L R L R L R L R R L L

R L R L R L R L R R L L   R L R L R L R L R L R R L L

Groove 30

R L R L R R L R L   R L R L R R L R L   R L R L R R L R L   R L R L R R L R L
(L R L R L L R L R   L R L R L L R L R   L R L R L L R L R   L R L R L L R L R)

Groove 31 TRACK **51**

R   R L R R
L   L R L L

Groove 32

R L R L R L R L *sim.*

Groove 33

R   R L R R
L   L R L L

Groove 34 TRACK **52**

R R L R R L R L R L R R L R L R L R R L L R R
L L R L L R L R L R L L R L R L R L L R R L L

Groove 35

R R L R L R R L R L R L R L R R L R L R L R L

Groove 36 TRACK **53**

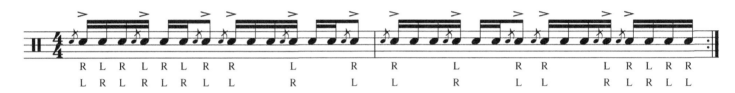

R L R L R L R R L R R L R R L L R R
L R L R L R L L R L L R L L R R L L

Groove 37

R L R L R L R R L R R L R R L R R
L R L R L R L L R L L R L L R L L

Groove 38 TRACK **54**

R L R R L R R L R L R L R R L R L R L R L R L R R L R

Groove 39

R R L R L R L R L R L R L R R L R L R L R L R L R

Groove 40 TRACK **55**

R R L R L R R L R L R L R R L R L R R L R L R L R L R L R L
(L L R L R L L R L R L R L L R L R L L R L R L R L R L R L R)

Groove 41

R L R L R L R L R L R L R L R L R L R L R L R L

Groove 42 TRACK **56**

R L R L R L R L   *sim.*   R L R L R L R R
L R L R L R L R   *sim.*   L R L R L R L L

Groove 43

R L R L R L R L R L   R   R   L   L   R L R R
L R L R L R L R   L   L   R   R   L R L L

Groove 44 TRACK **57**

R L R L R R L R L R L R L L   R L R R L R L R L L L R L R R
L R L R L L L R L R L R R R   L R L L L R L R R R L R L L

Groove 45

R R R L R R R L R R L R R R L R R L   R R L R R R L R R L R R R L R R L R R L

Groove 46 TRACK 58

R R R R L R L R L L R L R L   R R R R L R L R L L R L R L

Groove 47

R R R R L R L R L R L R L R   R R R R L R L R L R L R L R

Groove 48 TRACK 59

R L R L R L R L R L   R L R L R L R L R L

Groove 49

R R L L R R L L R R L L   R R L L R R L L R R L L

Groove 50 TRACK 60

R R R L R L R L R L R L R   R R R L R L R L R L R L R

Groove 51

R L R R L R L R L R R L R L R R   L R L L R L R L R L L R L R L L

Groove 52

R L R L R L R L *sim.*

Groove 53

R L R L R L R L *sim.*   R L R R L R L R L L R L R L R R
L R L R L R L R *sim.*   L R L L R L R L R R L R L R L L

Groove 54 TRACK 62

R L R L R L R L *sim.*

Groove 55

R L R L R L R L *sim.*

Groove 56 TRACK 63

R L R L R L R L *sim.*

Groove 57

R R L L R R L L R R L   L R R L L R L R L R L R L

29

Groove 58 TRACK 64

R L R L R R L R L R L L R L R L R R L R L L R L R L R R L R L L

Groove 59

R L R L R L R L *sim.*
L R L R L R L R *sim.*

R L R R
L R L L

Groove 60 TRACK 65

R R R L R R R L R L R
L L L R L L L R L R L

R R R L R R R L R L
L L L R L L L R L R

R L R R
L R L L

Groove 61

R R L R R L R R L R R L R L R L R R L R R L R R L R R L R L R L

Groove 62 TRACK 66

R L R L R L R L R L R L R L R L R L R L R L R L

Groove 63

R R L R R L R R L R R L R R L R R L R R L R R L R R L R R L R R L R R L

SECTION 5

DRAG RUDIMENT GROOVES

Drags, Dragadiddles, Drag Paradiddle #1, Drag Paradiddle #2, Lesson 25, Drag Taps, Ratamacues, and more

Remember:

- Do not crush or compress the drags or diddles.

- For diddles preceeding an accent, think of the diddle as leading to the accent.

- Speed is not the immediate goal; do not play any groove faster than you can play it in control.

Groove 1

R R L L R R L L R L R R L L R R L L R R L R L L

Groove 2

R R L L R R L L R L   L R R L L R L R L R L R R
L L R R L L R R L L R   R L L R R L R L R L R L L

Groove 3

R L R L R L R L *sim.*   R L R R
L R L R L R L R *sim.*   L R L L

Groove 4

R L R L R R L R L R L R L L L R L R L   R R L R L L R L R L R R L R L L

Groove 5

R L R L R L R L *sim.*

Groove 6

R L R L R L R L *sim.*   R L R R L R L R L L L R L R L R R
L R L R L R L R *sim.*   L R L L R L R L R R L R L R L L

Groove 7

R L R L R L R L *sim.*

Groove 8

R L R L R L R L R L R L R L R L R L R L R L R L R L R L R L R L

Groove 9

R L R L R L R L *sim.*
L R L R L R L R *sim.*

R L R R L R L R L L R L R L R R
L R L L R L R L R R L R L R L L

Groove 10

R L R L R R L R L R L R L L R L R L R R L R L R L L R L R L R R L R L R L L

Groove 11

R R L L R R L L R L R R L L R R L L R R L R L L R R L L

Groove 12

R L R L R L R L *sim.*

Groove 13 TRACK **71**

R L R L R L R L *sim.*

Groove 14

R L R L R L R L R L R L R L R L   R L R L R L R L R L R L R L R R
L R L R L R L R L R L R L R L R   L R L R L R L R L R L R L R L L

Groove 15

R L R L R R L R L R L R L L   R L R R L R L R L L R L R R
L R L R L L R L R L R L R R   L R L L R L R L R R L R L L

Groove 16 TRACK **72**

R L R L R L R L   R   R   L   L   R L R R
L R L R L R L R   L   L   R   R   L R L L

Groove 17

R L R   L R L R L R L R   L R L   R L R L R L R L

Groove 18

R L R L R L R L *sim.*   R L R L R L R R
L R L R L R L R *sim.*   L R L R L R L L

Groove 19 TRACK **73**

```
R L R L R R L R L R L L   R L R R L R L L L R L R R
L R L R L R L R L R L R L R R   L R L L L R L R R L R L L
```

Groove 20

```
R   R L   L R   R L   L R L R R   L   L R   R L   L R   R L R L L
```

Groove 21

```
R   R L R L R   R L R L   R L R   R L R L R L R L R L
(L   L R L R L   L R L R   L R L   L R L R L R L R L R)
```

Groove 22 TRACK **74**

```
R L R   R L R   R L R L R L R   R L R L R L R L R L R   R L R
```

Groove 23

```
R   R L R L   R L R L R L R L R L   R   R L R L R L R L R L R
```

Groove 24

```
R L R L R L R   R       L   R   R       L   R   R L R R
L R L R L R L   L   L       R   L   L       R   L L R L L
```

Groove 25

Groove 26

Groove 27

Groove 28

Groove 29

Groove 30

Groove 31 TRACK 77

R R L   L R   R L   L R L R R   L   L R   R L   L R   R L R L L

Groove 32

R L R L R L R L R L R L R L R L R L R L   R L R L R L R L R L R L R L R L R L R L
(L R L R L R L R L R L R L R L R L R L R   L R L R L R L R L R L R L R L R L R L R)

Groove 33

R   L L R   L   R R L   R R L   R   L L R   L   R R L   R R L
L   R R L   R   L L R   L L R   L   R R L   R   L L R   L L R

Groove 34 TRACK 78

R L L R   L   R R L   R   L L   R L R L   R R L   R L R L L

Groove 35

R R L   L R R   R L   L R   R L R L R L R L R L R L R L R L R

Groove 36

R L R   R L R L R L R L R L R L R   R L R   R L R L R L R L R L R L R

Groove 37 TRACK 79

R   L   R   L   *sim.*

Groove 38

R   L   R   L   *sim.*   R   L   R   L   *sim.*

Groove 39

R   L   R   L   *sim.*

Groove 40 TRACK 80

R   L   R   L   *sim.*

Groove 41

R   L   L   R   R   L   L   R   R   L   R   R   L   L   R   R   L   L   R   R   L   R

Groove 42

R L R R R L R L L   R L R L R R L R L R L L   R L R L R L R R   L R L R L R L L

SECTION 6

ROLL RUDIMENT GROOVES

Double Bounce Rolls, Five Stroke Rolls, Six Stroke Rolls, Seven Stroke Rolls, Nine Stroke Rolls, and more

Remember:

- Maintain your fulcrum.

- Keep your fingers on the stick for stronger double bounces; do not squeeze the stick.

- Focus on producing smooth and evenly spaced rolls.

Groove 1

R   R L R R
L   L R L L

Groove 2

R L R L R L R L *sim.*

Groove 3

R   R L R L R   R L R L   R L R   R L R L R L R L R L

Groove 4

R   R L R R
L   L R L L

Groove 5

R L R L R L R   R   L   R R   L   R R L R R
L R L R L R L   L   R   L L   R   L L R L L

Groove 6

R L R L R L R R   L   R R   L   R R   L R L R R
L R L R L R L L   R   L L   R   L L   R L R L L

Groove 7

Groove 8

Groove 9

Groove 10

Groove 11

Groove 12

Groove 13

Groove 14

Groove 15

Groove 16

Groove 17

Groove 18

Groove 19 TRACK 87

R L R L R   L R L R L R   L R L R L R L R L R L L

Groove 20

R   R L   L R   R L   L R L R R   L   L R   R L   L R   R L R L L

Groove 21

R L R L R L R L *sim.*   R L R R
L R L R L R L R *sim.*   L R L L

Groove 22 TRACK 88

R L R L *sim.*

Groove 23

R L R R L R L R L R L R L R   R L R R L R L R L R L R L R

Groove 24

L R L R *sim.*

SECTION 7

RUDIMENT COMBINATION GROOVES

Flams, Drags, Paradiddles, Rolls, and Single Strokes

Remember:

- Focus on playing in control, not speed.

- Use a metronome to maintain a steady tempo.

- Apply the previous tips and concepts learned.

Groove 1

Groove 2

Groove 3

Groove 4

Groove 5

Groove 6

Groove 7

R L R R L R L L L R L R L R L   R L R R L R L L L R L R L R L

Groove 8

R L R L R L R L R L L R R L R L   R L R L R L R L R L L R R L R L

Groove 9

R L R L R L R R L R L R L R L   R L R L R L R R L R L R L R L

Groove 10

R   R   R   R   R   R   R   R   R   R   R L R L R L R L

Groove 11

R L R L R L R L R L R L R L R L   R L R L R L R L R L R L R L R L

Groove 12

R L R L R L R L R L R L R L R L   R L R L R L R L R L R L R L R L

Groove 13 **TRACK 93**

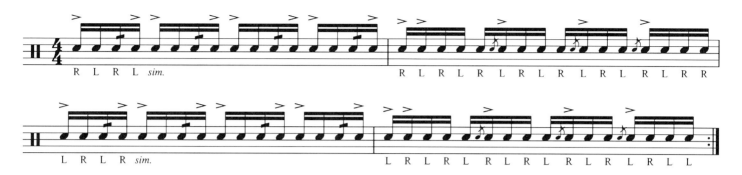

R L R L *sim.*   R L R L R L R L R L R L R L R R

L R L R *sim.*   L R L R L R L R L R L R L R L L

Groove 14 **TRACK 94**

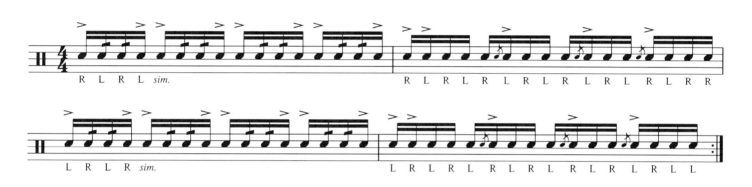

R L R L *sim.*   R L R L R L R L R L R L R L R R

L R L R *sim.*   L R L R L R L R L R L R L R L L

Groove 15 **TRACK 95**

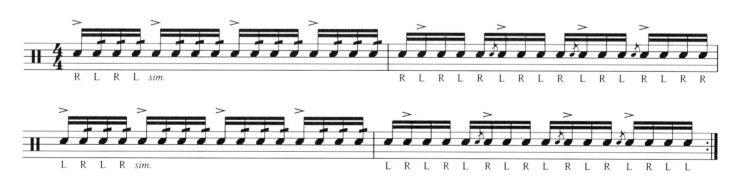

R L R L *sim.*   R L R L R L R L R L R L R L R R

L R L R *sim.*   L R L R L R L R L R L R L R L L

Groove 16 **TRACK 96**

L L L L L L L L L L L L L L L L   L R L R L R L R

Groove 17 TRACK 97

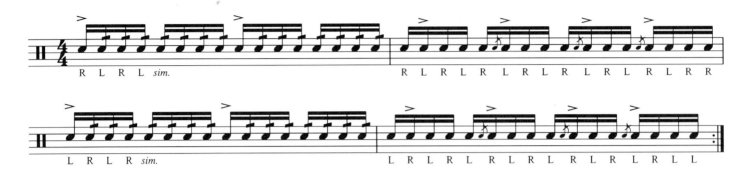

R L R L *sim.*   R L R L R L R L R L R L R L R R

L R L R *sim.*   L R L R L R L R L R L R L R L L

Groove 18 TRACK 98

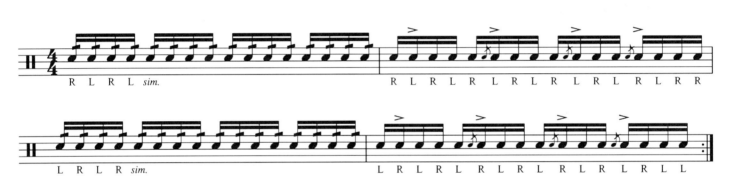

R L R L *sim.*   R L R L R L R L R L R L R L R R

L R L R *sim.*   L R L R L R L R L R L R L R L L

Groove 19 TRACK 99

R L R L R L R L R L R L R L R L R L L   R L R L R L R L R L R L R L R L R L L

Groove 20

R L R L R L R L *sim.*